BEI GRIN MACHT SICH IHR WISSEN BEZAHLT

- Wir veröffentlichen Ihre Hausarbeit,
  Bachelor- und Masterarbeit

- Ihr eigenes eBook und Buch -
  weltweit in allen wichtigen Shops

- Verdienen Sie an jedem Verkauf

Jetzt bei www.GRIN.com hochladen
und kostenlos publizieren

Robert Schultz

Enterprise Application Integration - Vorteile und Nachteile

GRIN Verlag

Bibliografische Information der Deutschen Nationalbibliothek:

Die Deutsche Bibliothek verzeichnet diese Publikation in der Deutschen National-
bibliografie; detaillierte bibliografische Daten sind im Internet über http://dnb.d-
nb.de/ abrufbar.

Impressum:

Copyright © 2011 GRIN Verlag GmbH
Druck und Bindung: Books on Demand GmbH, Norderstedt Germany
ISBN: 978-3-656-01616-8

Enterprise Application Enterprise (EAI)

Vorteile und Risiken

Schriftliche Zusammenfassung von Robert Schultz

Modulfach:
ANS09

18.06.2011

Inhaltsverzeichnis

A. Tabellenverzeichnis

B. Abbildungsverzeichnis

1. Enterprise Application Integration

1.1. Definition

Unter der Bezeichnung Enterprise Application Integration (kurz: **EAI**) werden Ansätze zur Schaffung einer einheitlichen Anwendungsarchitektur unter Einbeziehung von heterogenen Systemen entwickelt.[1] Dabei umfasst EAI die Planung, die Methoden sowie die Software, um heterogene, autonome Anwendungssysteme – ggf. unter Einbeziehung von externen Anwendungssystemen – prozessorientiert zu integrieren. EAI ist somit die prozessorientierte Integration von Anwendungssystemen in heterogenen IT-Anwendungsarchitekturen. Im Gegensatz zu anderen Integrationstechniken, wie der Funktionsintegration oder der Datenintegration, werden beim EAI-Ansatz die Implementationen der einzelnen Geschäftsfunktionen nicht verändert. Alle funktionalen Schnittstellen werden mittels Adaptern (Schnittstellenumsetzer) abstrahiert. Aufgrund der prozessorientierten Integration stellt EAI nun nicht nur eine technische Integrationsplattform dar, sondern – so zumindest der konzeptionelle Anspruch – auch eine Integrationskomponente zwischen der Organisationsarchitektur mit den Strukturen und Geschäftsprozessen und der IT-Architektur eines Unternehmens. Keller grenzt EAI von E-Commerce ab, da hier in der Regel mehrere Parteien beteiligt sind. Allerdings werden die Konzepte strukturell und technisch als identisch erklärt. Der einzige Unterschied besteht in der unternehmensübergreifenden Sichtweise des E-Commerce-Ansatzes und des unternehmensinternen Fokus von EAI.[2]

1.2. Ursachen für die Entstehung von EAI

Die Entstehung von EAI lässt sich größtenteils auf drei verschiedene Gründe zurückführen. Zunächst ist hierbei die schnelle Verbreitung des Internets mit den damit verbundenen unzähligen Internetapplikationen, welche durch das Aufkommen vieler Internetfirmen (dot-coms) entstanden ist, zu nennen. Viele Firmen fingen während dieser Zeit damit an, die Möglichkeiten des E-Business und des Internets zu erkennen, und versuchten dementsprechend ihre Geschäftsprozesse neu zu gestalten, um sie zu automatisieren und damit Kosten zu sparen. Weiterhin entstanden zu jener Zeit sehr viele neue Firmen, deren Geschäftsmodelle ausschließlich auf dem Internet basierten, wie z.B Suchmaschinen, Email-Provider, Internet-Versandhändler, elektronische Auktionshäuser und Vergleichsplattformen. Nach und nach wuchs die Anzahl verschiedener Internetapplikationen in diesen Unternehmen sehr stark an, so dass es notwendig wurde, die Anwendungen miteinander zu verbinden. Dies, wie auch die Neugestaltung der Geschäftsprozesse, kann nur erreicht werden, wenn alte und neue Anwendungen integriert und existierende Systeme für Nachrichten aus dem Internet zugänglich gemacht werden, so dass alle Anwendungen, die an einem Geschäftsvorfall beteiligt sind, problemlos miteinander kommunizieren können. Laut Keller wird dies als das primäre Einsatzfeld für EAI-Technologien bezeichnet.[3]

---

[1] Vgl. Stahlknecht et al (2005), S. 328.
[2] Vgl. Keller (2002), S. 9.
[3] Vgl. Keller (2002), S.12.

Der zweite Trend, der sich in Unternehmen abzeichnet, ist, dass immer mehr Enterprise Resource Planning-Softwareprodukte (kurz: ERP-Softwareprodukte) anstatt selbst entwickelter Software eingesetzt werden.

ERP-Software ist Standardsoftware, die von größeren Unternehmen für sekundäre Geschäftsprozesse wie Rechnungswesen, Materialwirtschaft usw. eingesetzt wird. Firmen, die solche Systeme vertreiben, sind z. B. SAP, Baan, Peoplesoft und Oracle. Die Schwierigkeit hierbei besteht darin, diese ERP-Software in die bestehende Anwendungslandschaft des Unternehmens zu integrieren. Auch dieses Problem wird aktuell mittels so genannter GlueWare, wie z.b. EAI-Tools angegangen. Unter GlueWare versteht man Software, die eine Verbindung zwischen einzelnen Softwarekomponenten schafft.

Die dritte Ursache, die zur Entstehung von EAI beigetragen hat, ist das immer häufigere Auftreten von Übernahmen und Fusionen zwischen Unternehmen aller Größenordnungen. Hierbei wird meist die Strategie verfolgt, das Anwendungsportfolio des einen Fusionspartners zu behalten und die Bestände des anderen in das beibehaltene System zu integrieren [4]

1.3. Ziele Von EAI

EAI hat das Ziel die verschiedenen Architekturen von betrieblichen Informationssystemen, prozessorientiert zu integrieren sowie Informationsflüsse zu beschleunigen und zu rationalisieren.[5] Dazu werden heterogene Anwendungssysteme konsolidiert und koordiniert, damit wird einerseits die Schaffung eines einheitlichen Zugriffs und anderseits eine Konsistenzsicherung der Daten fokussiert.[6] Weiterhin soll EAI die Entwicklung neuer Technologien trotz heterogener Informationssysteme ermöglichen, indem existierende Anwendungen nach einer neuen Strategie ausgerichtet werden.[7] Unter einer EAI-Softwarelösung wird ein Sammelbegriff von Lösungen verstanden, die alle etwas mit der Integration heterogener Lösungen innerhalb eines Unternehmens zu tun haben. Die Lösungen sind jedoch stark davon abhängig, welche Art von Architektur bzw. Problem in einem Unternehmen gelöst werden soll. Selbst diese Lösungen variieren dann noch stark, obwohl sie alle unter den Begriff EAI-Softwarelösung fallen.[8]

2. Integration mit EAI

2.1. Integrationsarten

Während früher der Schwerpunkt auf Hardwareintegration mit einer von Grund auf neu entwickelten Software lag, stehen heute die Kombination von Hardware und komplexer Software zu einem System im Vordergrund. Dominiert wird der Prozess von der Software. Integration kann grundsätzlich an zwei verschiedenen Kriterien gemessen werden: der Integrationsbreite und der Integrationstiefe. Die Integrationsbreite bezeichnet die Integration der IV-Systeme in einem Geschäftsprozess.

---

[4] Vgl. Keller (2002), S. 10-14.
[5] Vgl. Keller (2002), S. 11.
[6] Vgl. Conrad et al (2006), S.6.
[7] Vgl. Gimpeliovskaja (2005).
[8] Vgl. Keller (2002), ebd. S. 11.

Ist die Software in der gesamten Wertschöpfungskette von der Produktion bis zur Fakturierung integriert, so spricht man von einer hohen Integrationsbreite, hingegen von einer geringen, wenn beispielsweise nur Programme der Ersatzteiledisposition integriert wurden. Unter Integrationstiefe versteht man den Grad der semantischen Integration.[9] Hier werden drei Ebenen zur Integration von Software unterschieden: die Daten-, Funktions- und die Darstellungsintegration. An alle Arten der Integration werden folgende Anforderungen gestellt: Sie müssen sowohl mit einem akzeptablen Zeitaufwand durchführbar sein, als auch für verschiedene Konfigurationen wiederverwendbar sein. Die EAI-Integration orientiert sich an der aus dem Software-Engineering gängigen 3-Schichtenarchitektur (Präsentationsschicht, Geschäftslogikschicht und Datenhaltungsschicht) für betriebliche Informationssysteme, welche auch als Darstellungs-, Funktions- und Datenebene bezeichnet werden.[10]

2.1.1. Darstellungsintegration

Die Integration auf der Darstellungsebene ist die einfachste Integrationsmaßnahme. Verschiedene Anwendungen präsentieren sich dem Benutzer mit einer einheitlichen Anwendungsoberfläche, die über die Darstellungslogik der Anwendungen oder Legacy Systeme kommunizieren. In der Abbildung 1 wird durch die grau hinterlegten Felder die Ansatzpunkte der Darstellungsintegration bildlich illustriert.

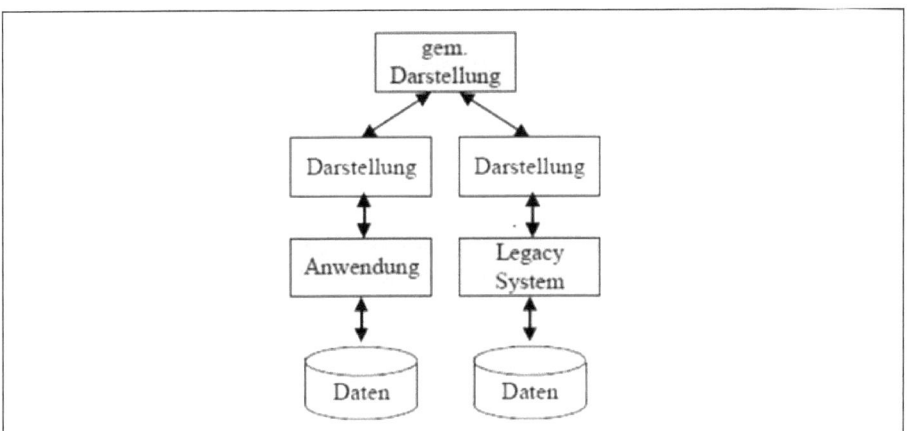

Abbildung 1: Integrationsmodell – Darstellungsintegration[11]

Die Darstellungsintegration kann durch verschiedene Techniken realisiert werden. Eine dieser Techniken ist die so genannte „Screen Scraping Technik". Diese liest Daten an verschiedenen Bildschirmkoordinaten oder aus Datenflüssen ab und wandelt sie in die benötigten Formate um. Die Web-Integration mit Frames ist ein weiteres Verfahren, bei dem einzelne Frames verschiedener Web-Server in einer neuen Anwendung vereint werden. Desweiteren eignen sich auch Workflow-Management-Tools für die Oberflächenintegration mehrerer existierender Anwendungen.

---

[9] Vgl. Winkeler, T; Westphal, L; Raupach.E, (2001), S.8.
[10] Vgl. Helmut Balzer, (2001).
[11] In Anlehnung an: Ruh, W.; Maginnis, F.; Brown, W. (2000), S. 23.

Ziel der Darstellungsintegration ist eine bessere Benutzbarkeit und Funktionalität sowie eine konsistente Führung durch die Geschäftsprozesse zu schaffen. Da Integration auf dieser Ebene keine umfangreichen Kenntnisse der Softwareinterna erfordert, ist sie relativ schnell und billig durchführbar. Allerdings wurden Benutzeroberflächen nicht dazu entwickelt, Daten und Funktionslogik anderen Anwendungen zur Verfügung zu stellen, daher sind die Möglichkeiten sehr begrenzt. Um Darstellungsintegration erfolgreich anwenden zu können, müssen die zu integrierenden Anwendungsoberflächen genau analysiert und deren Informationen identifiziert werden. Es ist wichtig, den Inhalt der Daten zu verstehen, um fehlerhafte Repräsentation in der zu entwickelnden Darstellungsumgebung zu vermeiden. Anschließend werden die einzelnen Bildschirme mit ihren Informationen katalogisiert und die Position von gleichen Daten erfasst, um Konsistenz zu gewährleisten und gesuchte Informationen schnell zu lokalisieren. Auf der nächsten Stufe müssen die Informationen der Bildschirme extrahiert werden. Dies kann entweder statisch realisiert werden, d.h. durch feste Angabe von Koordinaten, oder durch eine dynamische Extraktion. Beim letzteren kann durch Bedingungen und Logik automatisch auf Änderungen in der Darstellung reagiert werden und dieses Verfahren ist somit flexibler.[12]

In der Darstellungsintegration können zwei verschiedene Methoden angewendet werden: Screen-as-Data interpretiert Bildschirme als rohen Datenfluss, wohingegen Screen-as-Object die Benutzeroberfläche als Objekte behandelt. Screen-as-Data liest den Datenstrom aus, analysiert, identifiziert und konvertiert die Informationen und verarbeitet sie. Es ist einfach zu realisieren, berücksichtigt aber im Gegensatz zum Screen-as-Object Konzept nur Daten, aber nicht die zugehörigen Methoden. Bei letzterem werden die Bildschirminformationen in Anwendungsobjekte wie Java- oder CORBA-Objekte übersetzt. Dadurch wird die Entwicklung komplizierter und teurer.[13]
Die Darstellungsintegration wird angewendet, um beispielsweise für textbasierte Programme ein Java- oder HTML-basiertes GUI zu entwickeln oder verschiedene Mainframeanwendungen mit anderen Applikationen wie SAP/R3 über ein einheitliches Interface zu integrieren. Die Anforderungen variieren von einem einfachen GUI-Aufsatz bis zur Implementierung von zusätzlicher Logik zur Integration von Daten und Funktionen.[14]

Der Nachteil der Darstellungsintegration liegt darin, dass nur auf die durch die Benutzeroberfläche der Altanwendung zur Verfügung gestellten Funktionalität zugegriffen werden kann.[15]

2.1.2. Datenintegration

Die Datenintegration integriert Anwendungen auf der Ebene der Datenstrukturen, indem sie den Datenaustausch zwischen verschiedenen Datenquellen wie Data-Mining-Systemen und Datenbanken ermöglicht. Fremde Anwendungen können über die EAI-Middleware neue Datensätze erzeugen, speichern und modifizieren. Die Abbildung 2 veranschaulicht durch die grau hinterlegten Felder, dass die Middleware direkten Datenzugriff vorbei an der Software der Anwendung bzw. dem Legacy System hat.

---

[12] In Anlehnung an: Conrad et al (2006), S.18.
[13] In Anlehnung an: Linthicum, D. (1999), S. 86-87.
[14] In Anlehnung an: Ruh, W.; Maginnis, F.; Brown, W. (2000), S. 22-24.
[15] In Anlehnung an: Keller, (2002), S. 65-67.

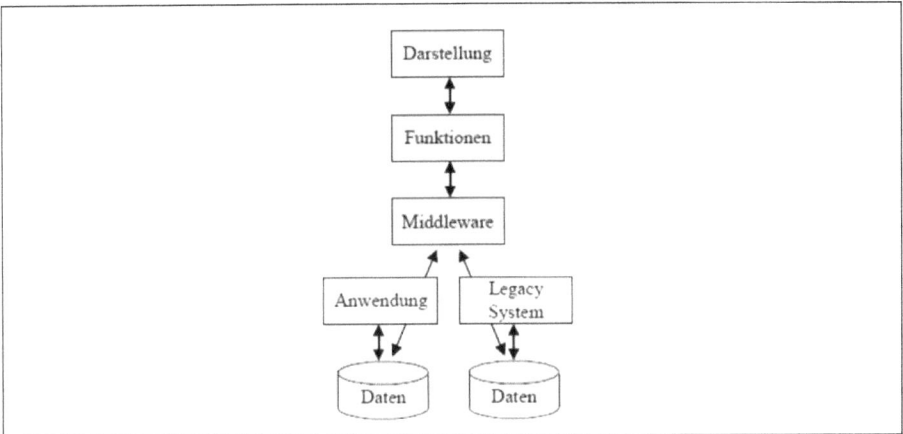

Abbildung 2: Integrationsmodell – Datenintegration[16]

Datenintegration wird angewendet, um Daten aus verschiedenen Quellen für Analysen oder Entscheidungsprobleme zusammenzufassen. Daten können zentral in einem Data Warehouse gespeichert werden, um so verschiedenen Anwendungen Zugriff zu einheitlichen Daten zu ermöglichen. Über die Middleware können Daten aus einer Quelle ausgelesen und in einer anderen wiederverwendet werden. Redundanzen werden eliminiert und Daten synchronisiert. Abhängig von unterschiedlichen Anforderung an die Datenaktualität, Integrationskomplexität und gegebenen Zugriffsmöglichkeiten auf die Datenquellen gibt es verschiedene Realisierungsmöglichkeiten einer Datenintegration. Die älteste Methode ist der Transfer von Daten, die meist in Dateien gespeichert sind, über ein Batch File, wobei hier weitgehend Unabhängigkeit von der Art der Datenquelle besteht. Open Database Connectivity war der erste weit verbreitete Standard, um auf relationale Datenbanken zuzugreifen. Eine standardisierte API abstrahiert von verschiedenen Datenbanken. Durch die Heterogenität der zu integrierenden Datenquellen werden Hilfsprogramme, sog. Wrapper, benötigt, die Daten bzw. Dateien in verschiedene Formate konvertieren, zum Beispiel von ASCII in EBCDI-Code oder eine einfache Währungsumrechnung. Eine umfassende Datenintegration ist durch eine Middleware realisierbar. Die Middleware bietet eine Laufzeitumgebung, die durch Konnektoren den Zugriff auf die Datenquellen ermöglicht, Anfragen weiterleitet und entsprechende Ergebnisse zurückliefert. Ziel ist es, den Datenaustausch in Echtzeit zu ermöglichen, um die Reaktionsgeschwindigkeit eines Unternehmens zu erhöhen sowie das Vermeiden von redundanten Daten.[17]

---

[16] In Anlehnung an: Ruh, W.; Maginnis, F.; Brown, W. (2000), S. 24
[17] In Anlehnung an: Ruh, W.; Maginnis, F.; Brown, W. (2000), S. 24-27.

2.1.3. Funktionsintegration

Die Funktionsintegration ist die wichtigste Integrationsmethode. Sie bezeichnet die Integration von Anwendungen, von Funktionen oder Objekten, auf der Code-Ebene. Einer Drittanwendung wird so ermöglicht, über die Middleware auf die Logik anderer Anwendungen oder Legacy Systeme zuzugreifen, um so Operationen auszuführen (s. Abbildung 3). Durch Wiederverwenden der existierenden Geschäftslogik wird der Entwicklungsaufwand verringert und zusätzliche Fehler vermieden.

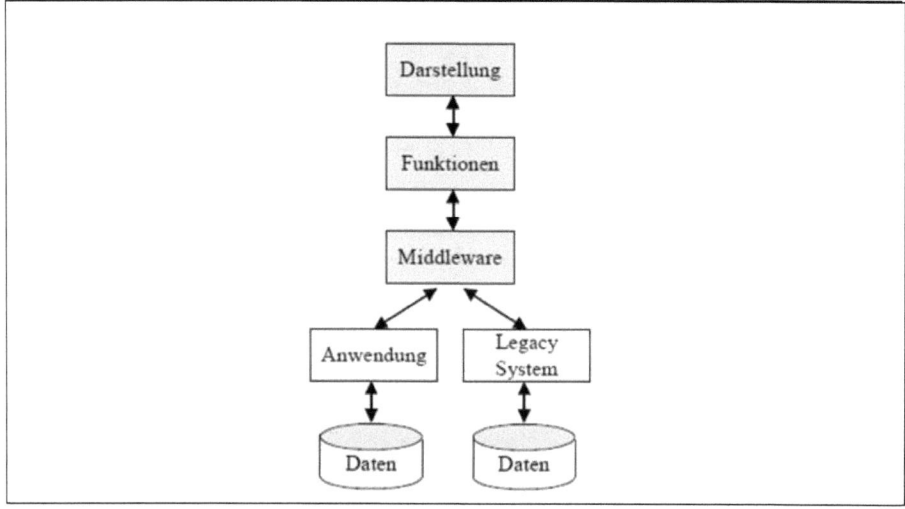

Abbildung 3:   Integrationsmodell – Funktionsintegration[18]

Funktionen aus Anwendungen in Verteilten Systemen können mit Remote Procedure Calls (RPCs) über ihre Signatur aufgerufen werden, jedoch ist dieses Konzept recht aufwändig in der Softwareentwicklung. Daher wird heute häufig der Einsatz einer Middleware, die das verteilte Arbeiten besser unterstützt, vorgezogen. Sie lässt sich in drei Kategorien unterteilen: Message Oriented Middleware (MOM), Distributed Object Technology (DOT) und Transaction Processing Monitor (TPM). In der Literatur wird die Funktionsintegration häufig noch weiter unterteilt: Sie kann auf Objektebene und Prozessebene stattfinden. Ein Objekt besteht aus Daten und zugehörigen Methoden, die als Schnittstelle zur Interaktion mit dem Objekt dienen. Das Objekt Kundenkonto speichert beispielsweise Daten über Konto und Kontoinhaber und stellt Methoden zur Verfügung, um den Kontostand auszulesen und zu modifizieren. Integration auf Prozessebene bezieht auch die Semantik der Prozesse, in denen Objekte be- und verarbeitet werden, mit ein. So ist es möglich, den Kontext der Funktionen zu berücksichtigen und eine umfassendere Integration zu gewährleisten.[19] Mit Integrationsmaßnahmen auf Prozess- und Objektebene werden verschiedene Ziele wie Datenkonsistenz, Koordination von mehrstufigen Prozessen und Realisation von Plug-and-Play Komponenten verfolgt. In vielen Unternehmen sind mit der Zeit

[18] In Anlehnung an Ruh, W.; Maginnis, F.; Brown, W. (2000), S. 29.
[19] In Anlehnung an Winkeler, T; Westphal, L; Raupach, E (2001), S.8.

zahlreiche Interdependenzen zwischen Anwendungen gewachsen. Häufig werden Daten zu verschiedenen Zwecken redundant gehalten, die in unterschiedlichen Bereichen der Geschäftsprozesse verwendet werden. Bei Aktualisierungen von Informationen handelt es sich daher häufig um Daten aus verschiedenen Quellen.

Falls zum Beispiel eine Kundenadresse im System geändert werden soll, muss zuerst die eingegebene Adresse durch ein Kontrollsystem syntaktisch, eventuell sogar semantisch geprüft werden. Anschließend werden alle relevanten Anwendungen im System von der Änderung benachrichtigt und entsprechend aktualisiert. Dies ist je nach Verteilung der Daten ein komplexer Vorgang, der, um ihn automatisiert durchführen zu können, durch ein Programm unterstützt wird. Oft müssen Vor- und Nachbedingungen überprüft werden. Das Konzept der Datenintegration ist hier also nicht anwendbar, da es sich nicht um eine einfache Integration von mehrstufigen Prozessen hat zum Ziel, alle Aktivitäten eines Prozesses in der richtigen Reihenfolge über alle relevanten Anwendungen hinweg automatisiert auszuführen. Zu diesem Zweck müssen eine Folge von Ablaufschritten identifiziert werden, die den Integrationsfluss zwischen den Softwarekomponenten darstellt. Ein Beispiel für einen mehrstufigen Prozess ist ein webbasiertes Bestellsystem, das alle notwendigen Aktionen zur Auftragsbearbeitung von der Entgegennahme der Kundenbestellung, über die Logistik bis hin zur Fakturierung selbstständig durchführt. Das System kann automatisch in verschiedene Status wechseln. Eine solche Integration hat also nicht nur die Aufgabe, Kommunikation und Anfragen zwischen verschiedenen Anwendungen weiterzuleiten, sondern auch die Koordination und das Management von diesen durchzuführen. Um eine effiziente Integration unter diesem Aspekt zu ermöglichen, sind detaillierte Kenntnisse über den Geschäftsprozess erforderlich. Eines der kompliziertesten Ziele der Funktionsintegration ist die Plug-and-Play Komponentenintegration. Software soll als Komponente für ein "Stecksystem" entwickelt werden, sodass ohne Aufwand einzelne Anwendungen ausgewechselt und hinzugefügt werden können. Es müssen Interfaces für alle Anwendungen entwickelt werden, die so wohldefiniert sind, dass sämtliche Komponenten ohne Modifikation der Interfaces integriert werden können. Solche Interfaces müssen konsistent nach den gleichen Regeln und der gleichen Syntax entwickelt werden, die von jeder Anwendung interpretiert werden kann.

Alle möglichen Funktionen einer Anwendung müssen aufgeführt und widerspruchsfrei definiert werden, damit gleiche Funktionen in allen Anwendungen über den gleichen Namen aufgerufen werden. Damit erlaubt die Funktionsintegration die gemeinsame Nutzung von vorhandenen Funktionalitäten, inklusive der dazugehörigen Integritäts- und Plausibilitätsprüfungen. Dadurch wird die Flexibilität und Effizienz des Informationssystems in Bezug auf Änderungen der Geschäftsprozesse erhöht.[20]

2.1.4. Vergleich der Methoden

Die Darstellungsintegration ist die einfachste und kostengünstigste Methode. Unterstützende Tools lösen viele Probleme weitgehend automatisiert, sodass der Fokus auf Design der neuen Benutzeroberfläche und nicht auf der Integrationsproblematik liegt.

---

[20] Vgl. O.V. (2007).

Jedoch bietet dieses Konzept nur sehr begrenzte Möglichkeiten der Integration, da Daten und Funktionslogik überhaupt nicht berücksichtigt werden. Integration auf Ebene der Daten ist flexibler als die Darstellungsintegration. Falls die Middleware Zugriff auf verschiedene Datenbanken unterstützt, kann auch hier schnell eine leistungsfähige Integration stattfinden, die die Wiederverwendung von sämtlichen Daten unterstützt. Als Nachteil ist jedoch zu bewerten, dass die Methoden bei den Anwendungen verbleiben. Die Geschäftslogik muss daher in jedem IV-System neu programmiert werden, wodurch der Entwicklungs- und Wartungsaufwand teilweise erheblich steigt. Jede Integration ist an ein Datenmodell geknüpft. Ändert sich das Modell, ändert sich die Basis der Integration und zieht umfangreiche Änderungen mit sich. Es ist von wesentlicher Bedeutung, ein Datenmodell sorgfältig zu erarbeiten, dass es Veränderungen im Zeitablauf standhält.[21] Die Funktionsintegration ist die stabilste und flexibelste Integration mit der umfangreichsten Wiederverwendung von Software. Jedoch ist sie auch die komplexeste und schwierigste aller Konzepte, da neben den technischen auch sehr hohe semantische Anforderungen gestellt werden. Die Integration der Geschäftslogik erfordert eine vollständige Analyse aller Anwendungen. Dies gestalte sich im Besonderen schwierig, wenn die Software nicht dokumentiert ist. Leider ist dies sehr häufig der Fall. In der Abbildung 4 sind die wesentlichen Charakteristika noch einmal übersichtlich aufgeführt.[21]

	Darstellung	Daten	Funktion
Realisierungsdauer	kurz	mittel	lang
Komplexität	gering	mittel	hoch
Flexibilität	gering	mittel	hoch
Integration auf Darstellungsebene	ja	nein	nein
Integration auf Datenebene	nein	ja	ja
Integration auf Funktionsebene	nein	nein	ja

Abbildung 4:   Vergleich der verschiedenen Integrationsmethoden[22]

3. Vorteile und Risiken von EAI

3.1. Vorteile

Die naheliegende Alternative, alle Prozesse in Unternehmen auf Basis einer gemeinsamen ERP-Software zu standardisieren, ist nicht immer das Mittel der Wahl. Denn eine Standardisierung hat viele Schattenseiten: Sie ist häufig zu komplex, zu starr, zu teuer, zu wartungsintensiv; und viele Anforderungen – gerade von kleineren Niederlassungen – bleiben auf der Strecke.

---

[21] Weiterführende Literatur zur Schemaintegration: Vidal, V.; Winslett, M. (1994).
[22] In Anlehnung an Ruh, W.; Maginnis, F.; Brown, W. (2000), S. .23, 26-27, 38.

Daraus ergibt sich der grundsätzliche Vorteil von EAI, mit der Möglichkeit das derzeitige vorhandene Systeme aus einer bisher heterogenen IT-Anwendungsarchitektur prozessorientiert integriert werden. Im Gegensatz zu einem ERP-System, kann dieses relativ schnell und kostengünstig erfolgen. Weitere Vorteile ergeben sich zudem aus der Sicht der des Anwender und aus der technischen Sichtweise.

3.1.1. Vorteile für den Anwender

Mehr Möglichkeiten	Die einfach einzurichtenden Verknüpfungen eröffnen neue und flexibel änderbare Nutzungsmöglichkeiten und Funktionalitäten.
Integration anstatt Migration	Vorhandene Altanwendungssystem können weiterhin benutzt werden, ohne dass teure und aufwendige Re-Implementierungen notwendig werden.
Geringe Kosten	Geringe Kosten durch vermehrt Automatisation und Reduzierung der Medienbrüche, dadurch weniger manuelle Fehler, schnellere Bearbeitungszeit, Vermeidung von Redundanten Daten, bessere Kommunikation und flexiblere Prozessgestaltung.
Datenkonsistenz	Über EAI werden Daten ausgetauscht und gemeinsam über eine Datenbank benutzt (Datenintegration), was Datenredundanzen reduziert bzw. vermeidet.
Flexible und agile Geschäftsprozesse	EAI ermöglicht eine modulare Zusammenstellung der Geschäftsprozesse und -abläufe und vereinfacht so Änderungen. Dieses führt zu einer besseren Geschäftsprozessoptimierung und leistungsfähigeren Abläufen in der Organisation.
Vereinfachter Austausch einzelner Softwarekomponenten	EAI vereinfacht den Austausch einzelner Softwareprodukte, da die Kommunikation mit anderer Software über die zentrale EAI-Middleware abgewickelt wird und dort nur ein Adapter angepasst werden muss.
Kopplung trotz heterogener Anwendungssysteme	EAI ermöglicht die Kopplung unterschiedlichster Softwaresystem von verschiedenen Herstellern. Dieses Garantiert eine Herstellerunabhängigkeit.

Tabelle 1: Vorteile EAI aus Sicht des Anwenders [23]

---

[23] Vgl. Horn (2007).

3.1.2 Vorteile aus technischer Sichtweise

Verringerte Komplexität durch weniger Schnittstellen	Eine Integration über eine EAI-Lösung reduziert die Zahl der notwendigen Verbindungen auf die Menge der Altanwendungen. Dadurch reduziert sich ebenso der Erstellungs- Administrations- und Wartungsaufwand.
Trennung von Geschäftslogik und Schnittstellenprogrammierung	Die Modellierung der Geschäftslogik ist unabhängig von der Programmierung der Schnittstellen.
Flexibilität, Wiederverwendbarkeit und Nutzung von Standards	Der modulare Aufbau und das standardisierte Vorgehen erlaubt ein agileres Handeln.
EAI als Ausgangsbasis für Portale	Unternehmensportale sind einfacher einzurichten, wenn eine EAI-Infrastruktur vorliegt. Dabei ergeben sich Vorteile wie eine einheitliche Bedienung, Single-Sign-on sowie anwendungsübergreifende Suchfunktionen.
EAI als Ausgangsbasis für neue Technologien	Automatisierte unternehmensübergreifende Kommunikation mit Kunden und Lieferanten und die damit verbundenen integrierten Prozessketten setzen viele verschiedene Daten und Funktionen voraus. EAI kann diese durch die verschiedenen Integrationsmodelle erfüllen.
EAI zur IT-Kopplung nach Fusionen	M&A (Mergers & Akquisition) erfordern Kopplungen vorher getrennter IT-Systeme. EAI ermöglicht dabei ein schrittweises Vorgehen bei laufendem Betrieb.

Tabelle 2: Vorteile aus technischer Sichtweise [24]

3.1.3 Risiken und Nachteile

Mit einer Realisierung von EAI sind grundsätzlich zwei Problempunkte zu betrachten:

- Die technische Realisierung der Integration und
- die organisatorische/soziale Integration.

Beide Problempunkte können dabei unternehmensintern sowie unternehmensübergreifen betrachtet werden. [25]

---

[24] Vgl. Horn (2007).
[25] Vgl. Conrad et al (2006), S.5.

Gerade die technischen Risiken sind eng mit den Grenzen von EAI verbunden und können wie folgt zusammengefasst werden:

Nachteile der Datenintegration	- Es ergeben sich semantische Probleme, wenn bei schreibenden Zugriffen auf die Daten eines Systems die in der Anwendungslogik hinterlegten semantischen Informationen ignoriert werden. - Es ist keine Nutzung der Geschäftslogik einer Anwendung mehr möglich. - Änderungen an den Datenstrukturen eines integrierten Systems führen zu Anpassungen an den Transformationsprozess und dem globalen Datenmodell.
Nachteile der Funktionsintegration	- Konzept ist sehr Aufwendig zu realisieren, daher vergleichsweise hohes Risiko. - Das unzureichende Schnittstellenangebot erfordert Anpassung der Anwendung. - Konzept ist schwierig umzusetzen, wenn entsprechende Schnittstellen fehlen oder nicht dokumentiert sind.
Nachteile der Darstellungsintegration	- Es ist keine Integration der zugrunde liegenden Daten und Funktionen möglich. - Konzept führt zu einer schlechten Performance und Skalierbarkeit. - Konzept bringt geringe Flexibilität und Wiederverwendbarkeit mit sich.
Fehlender ganzheitlicher Ansatz	- Bei der EAI-Integration kann der fehlende ganzheitliche Architekturansatz im Internehmen in Zusammenhang mit einer strategischen Systemlandschaft bemängelt werden.

Tabelle 3: Nachteile und Risiken von EAI [26]

---

[26] Vgl. O.V. (2007).

4. Fazit

Durch die zunehmende Globalisierung stehen Unternehmen mit verteilten Standorten oder mehreren Länderniederlassungen vor einer zentralen Herausforderung, die unmittelbare Auswirkungen auf ihren Erfolg hat: dem reibungslosen Austausch von geschäftskritischen Informationen. In einer zunehmend digitalen Welt ist dafür eine integrierte und homogene IT-Infrastruktur erforderlich, mit der die Unternehmenssoftware (z. B. ERP- und CRM-Lösungen) an allen Standorten und Niederlassungen optimal verknüpft wird.

In vielen dezentral organisierten Unternehmen ist eine effiziente Integration aber noch Zukunftsmusik. Stattdessen werden Daten und Prozesse aus unterschiedlichen Applikationen der einzelnen Standorte mühsam manuell zusammengeführt, oder es stehen überhaupt nur einige grundlegende Daten zur Verfügung. Erschwerend kommt hinzu, dass die erforderlichen Konsolidierungsvorgänge meist schlecht synchronisiert, wenig transparent und schwer planbar sind. Dieses führt zu Einbußen auf allen unternehmerischen Ebenen, da monatlich Ressourcen verschwendet und Umsätze nicht realisiert werden. Fragmentierte Systemlandschaften behindern die wettbewerbsfähige, marktorientierte Weiterentwicklung von Unternehmen: Sind Prozesse und Daten isoliert, werden neue Markttrends nicht oder zu spät erkannt und Geschäftschancen nicht genutzt. Unternehmen verlieren ihre Flexibilität und können ihre Strategie oder ihr Geschäftsmodell nicht auf die Veränderungen und Entwicklungen im Markt abstimmen.

Doch die naheliegende Alternative, alle Prozesse in allen Unternehmenseinheiten auf Basis einer gemeinsamen ERP-Software zu standardisieren, ist nicht immer das Mittel der Wahl. Denn eine Standardisierung hat viele Schattenseiten: Sie ist häufig zu komplex, zu starr, zu teuer, zu wartungsintensiv; und viele Anforderungen – gerade von kleineren Unternehmenseinheiten – bleiben auf der Strecke.

Trotz aller Risiken und Nachteile oder wegen der durchaus attraktiven Vorteile wächst der Markt für EAI-Lösungen deshalb weiter.

C. Literaturverzeichnis

Das Literaturverzeichnis ist alphabetisch und innerhalb der alphabetischen Ordnung chronologisch angelegt.

Conrad S., Hasselbring W., Koschel A. et al:
Enterprise Application Integration: Grundlagen – Konzepte – Entwurfsmuster – Praxisbeispiele, Heidelberg, 2005.

Gimpeliovskaja I.:
Unternehmensintegration mit ERP und EAI, Studienarbeit, Freie Universität Berlin, 2005.

Helmut Balzert:
Lehrbuch der Software-Technik, Band 1,2. Aufl.; Spektrum Akademischer Verlag 2001.

Horn, T.:
EAI Enterprise Application Integration, URL: http://www-thorsten-horn.de/techdocs/eai.htm, Abruf 10.06.2011.

O.V. 2007:
Enterprise Application Integration: 1. Grundlagen, Konzepte und Architekturen, URL: http//www.wi.uni-muenster.de/pl/lehre/ss07/eai/folien/eaigrundlagen.pdf, Vorlesungsunterlagen der Westfälischen Wilhelms-Universität, Abruf 09.10.2011.

Wolfgang Keller:
Enterprise Application Integration, Erfahrungen aus der Praxis, dpunkt.verlag, Heidelberg, 2002.

David S. Linthicum:
Enterprise Application Integration, Addison Wesley, Boston, 2000.

W.A. Ruth, F.X. Maginnis, W.J. Brown:
Enterprise Application Integration – A Wiley Tech Brief-, John Wiley&Sons Inc., New York, 2001.

Winkler, T., u.a.:
Enterprise Application Integration als Pflicht vor der Business-Kür, in: IM – Die Fachzeitschrift für Information Management & Consulting, Heft 1 Februar 2001, imc GmbH, Saarbrücken, 2001